Manfred Mai

Weihnachtsgedichte

Zeichnungen von Ingeborg Haun

Loewe

Die Deutsche Bibliothek – CIP-Einheitsaufnahme

Leselöwen-Weihnachtsgedichte / Manfred Mai.
Zeichn. von Ingeborg Haun.
– 1. Aufl. – Bindlach : Loewe, 1997
(Leselöwen)
ISBN 3-7855-3084-6 Pp.

Dieses Buch ist auf chlorfrei gebleichtem Papier gedruckt.

ISBN 3-7855-3084-6 – 1. Auflage 1997
© 1987 Loewe Verlag GmbH, Bindlach
In anderer Ausstattung 1987 erstmals im Loewe Verlag erschienen
Umschlagillustration: Ingeborg Haun
Satz: Fotosatz Leingärtner, Nabburg
Gesamtherstellung: L.E.G.O. S.P.A., Vicenza
Printed in Italy

Inhalt

Höchste Zeit 9
Alle Jahre wieder 10
Adventszeit 12
Der letzte Rest 13
Verlaufen 14
Wie ein Wunder 16
Mir ist so 18
Froh 19
Heimlich 20
Bitte 22
Zufall? 22
Komm mit! 24
Zum Lachen 26
So geht's! 27
So was! 29
Und noch 30
Wie du mir 32
Das Schönste 32
Liebes Christkind! 33
Gebt Acht! 34
Vorsicht 35
Danke 35
Stille Nacht 36
Nicht vergessen 38
Reden 38

Nur noch 40

Nur 42

Eine wichtige Frage 44

Anders 46

Was denn? 47

Heiße Liebe 48

Rate mal 49

Warten 50

Einer 52

Bescherung 52

Weihnachtsfeiertag 53

29. Dezember 54

Was bringst du mir? 55

Weise 56

Hoffnung 58

Höchste Zeit

Der erste Schnee
ist wieder weg!
Die Kinder
stellen Ski und Schlitten
traurig in die Eck
und holen dafür noch einmal
die Rollschuh hervor,
fahren durch die Gassen
und rufen laut im Chor:

„Herr Winter, es ist höchste Zeit,
dass es endlich richtig schneit!"

Alle Jahre wieder

In den Fenstern hängen Sterne,
von den Kindern selbst gemacht.
Einer scheint aus Gold zu sein,
den hat der Vater mitgebracht.

In der Stube liegt ein Kranz
mitten auf dem großen Tisch.
Eine Kerze hat gebrannt,
die drei anderen sind noch frisch.

Zwei Adventskalender strecken
schon die ersten Türchen auf.
Jeden Tag wird's eines mehr,
die Kinder freuen sich darauf.

Und ein Riesennikolaus
lacht die Kinder fröhlich an.
Wenn man an dem Faden zieht,
hüpft er wie ein Hampelmann.

Mutter bäckt die ersten Plätzchen,
stellt sie schnell in ein Versteck,
denn wenn Vater sie erst findet,
isst er heimlich alle weg.

Friede auf Erden!
Sonst setzt's was!!

Es wird wieder mehr erzählt
bei dem hellen Kerzenschein.
Und die Eltern wünschen sich
selber noch mal Kind zu sein.

Die Kinder malen jetzt sehr viel
und singen Weihnachtslieder.
Zuerst klingt es noch seltsam fremd,
wie alle Jahre wieder.

Frohes Fest

Erledigt

Adventszeit

Andi will in diesen Wochen
den Eltern keinen Kummer machen,
damit sie sich nicht ärgern müssen,
sondern glücklich sind und lachen.

Andi will sich ausnahmsweise
mit Franziska gut vertragen
und nicht dauernd mit ihr streiten.
Das wird er ihr gleich sagen.

Andi will zu allen Menschen
ganz besonders freundlich sein.
Und er meint es diesmal ehrlich,
nicht nur so zum Schein.

Andi gibt sich sehr viel Mühe,
doch schon bald fragt er sich bang:
Ob ich das auch wirklich schaffe?
Die Adventszeit ist so lang!

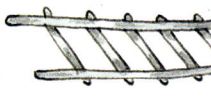

Der letzte Rest

An Marcos Eisenbahnanlage
fehlt noch immer der letzte Rest.
Deswegen freut er sich schon lang
auf dieses Weihnachtsfest.

Verlaufen

Advent, Advent,
in den Schaufenstern brennt
das Licht ganz hell
und die Leute rennen schnell
von Geschäft zu Geschäft
um Geschenke zu kaufen.

Doch bei diesem Rennen
haben sich viele
furchtbar verlaufen!

Wie ein Wunder

Die Kinder jubeln,
endlich ist es so weit!
Jetzt wird gebacken,
es steht alles bereit.

Nein, etwas fehlt noch,
Mama ärgert sich schon!
Und gerade jetzt
läutet das Telefon.

Die Sahne ist sauer –
genau wie Mama.
Sie ruft nach dem Papa,
doch der ist nicht da.

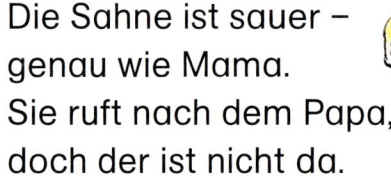

Daniela will helfen
und fängt an zu schrein!
Sie patscht mit den Händen
ins Eigelb hinein.

Der kleine Steffen
wird auch langsam munter
und stößt aus Versehen
die Schüssel hinunter.

Die Mutter schimpft los:
„Ich hab's mir gedacht!
Ach hätt ich's doch nur
ganz alleine gemacht!"

Doch wie durch ein Wunder
sind nach drei Stunden
die Plätzchen gebacken,
ist der Ärger verschwunden.

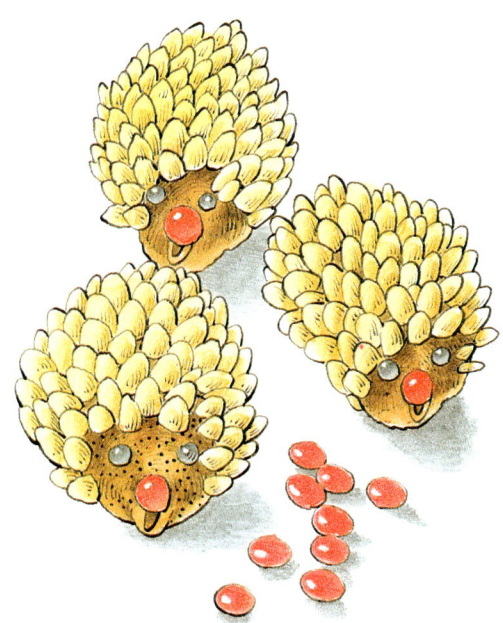

Mir ist so

Mami, hat heute …?
Gibt es auch Leute …?
Was soll ich denn …?
Mami, und wenn …?
Ist das so …?
Weißt du, wo …?
Kannst du mir …?
Darf ich dir …?
Sag, warum …?
Ist das dumm?

Froh

Mein lieber, guter Nikolaus,
schön, dass du gekommen bist.
Ich habe mir ganz fest gewünscht,
dass du mich nicht vergisst.

Doch jetzt, wo du so vor mir stehst,
klopft mein Herz, muss ich gestehn.
Und deshalb wäre ich sehr froh,
du würdest wieder gehn.

19

Heimlich

Der Michael ist ganz, ganz sicher,
dass es den Nikolaus nicht gibt.
Er hat ihn noch nie gesehen
und er glaubt nur, was er sieht.

Doch wenn die Kinder im Dezember,
nach einem schönen alten Brauch,
Gedichte für den Niklaus lernen,
tut Michael das heimlich auch.

Bitte

Guten Abend, Nikolaus,
ich möchte dir was sagen.
Dieses Jahr gab's manchen Grund,
über mich zu klagen.

Trotzdem bitte ich dich höflich,
stecke deine Rute ein,
denn ich will im nächsten Jahr
bestimmt viel lieber sein.

Zufall?

Der Nikolaus, der Nikolaus
sieht fast so aus wie Onkel Klaus.
Diese Stimme, diese Augen,
es ist beinahe nicht zu glauben.
Ob er … nein, das kann nicht sein,
Onkel Klaus ist doch daheim.
Und trotzdem sieht der Nikolaus
fast so aus wie Onkel Klaus.
Kann das noch Zufall sein?
Einmal denk ich Ja,
einmal denk ich Nein.

Komm mit!

Du, wo wohnt der Weihnachtsmann?
Wohnt er dort im Wald?
Komm, wir schauen einfach nach,
dann wissen wir es bald.

Der Weihnachtsmann ist nirgendwo,
doch da, ein Hase, schau!
Und ein Fuchs verschwindet schnell
in seinem sich'ren Bau.

Wo wohnt denn nun der Weihnachtsmann?
Das möchte ich gern sehn.
Komm, wir müssen noch ein Stück
tiefer in den Wald gehn.

Sieht die alte Eiche dort
nicht wie ein Riese aus?
Und ein Stück daneben –
ist das ein Hexenhaus?

Vielleicht wohnt dort der Weihnachtsmann,
könnte das nicht sein?
Komm, wir gehen einfach hin
und schauen mal hinein.

Den guten, alten Weihnachtsmann
haben wir nicht entdeckt.
Doch dafür sahen wir so manches,
was sich im Wald versteckt.

Zum Lachen

Der Nikolaus bringt lieben Kindern
viele gute Sachen.
Die frechen kriegen eine Rute
und haben nichts zu lachen.

Das sagt mein Vater oft zu mir,
wenn ich nicht will wie er.
Doch darauf falle ich nicht rein,
das gibt's ja gar nicht mehr.

Denn ob ich frech bin oder lieb,
mein Teller ist gleich voll.
Deswegen frag ich mich schon lang,
was das Gerede soll.

So geht's!

Der Nikolaus steigt in den Zug,
doch er hat keine Karte –
na warte!

Da kommt auch schon der Schaffner an
und schmeißt ihn raus –
armer Nikolaus!

Nun muss er weiter laufen –
oder eine Karte kaufen!

So was!

Ich mag die warme Sonne
und schwimme gern im Meer.
Ich mag die bunten Wiesen
und solche Dinge mehr.

Drum ist mein größter Wunsch
seit langer, langer Zeit:
Ein Weihnachtsfest im Sommer,
damit es ja nicht schneit.

Möchtegern?

Und noch …

Ich wünsch mir eine Schaukel
und eine Eisenbahn.
Dazu noch eine Puppe,
die richtig sprechen kann.

Ich wünsch mir auch ein Fahrrad
und eine weiße Maus.
Außerdem hätt ich noch gern
ein neues Spielzeughaus.

Ich wünsch mir einen Zirkus
mit vielen Tieren drin,
von dem ich ganz alleine
der Direktor bin.

Ich wünsch mir eine Mama
mit tausend Stunden Zeit
zum Basteln und zum Spielen,
wenn's draußen stürmt und schneit.

Ich wünsch mir in der Schule
'nen kleinen Mann im Ohr.
Dann muss ich nicht mehr rechnen,
er sagt mir alles vor.

Ich weiß, dass manche Wünsche
nicht in Erfüllung gehn,
und wünsche trotzdem weiter,
denn Wünschen ist so schön.

Wie du mir

Ich wünsch mir eine Puppe,
die „Mama" sagen kann.
Du hast doch schon ein Dutzend,
sagt meine Mama dann.

Du wünschst dir auch ein Kleid
mit weißen Spitzen dran
und hast den ganzen Schrank voll,
sag ich zur Mama dann.

Das Schönste

Manchmal möchte ich
groß sein wie ihr,
weil ihr
so vieles
könnt, dürft und wisst.

Heute möchte ich
sein, wie ich bin,
weil Kuscheln
und Lauschen
das Schönste ist.

Liebes Christkind!

Ich möchte beim Essen
nur ein einziges Mal
so richtig
rühren,
patschen,
spritzen,
schmieren,
kneten,
panschen,
salben,
manschen,
spielen,
kleckern,
ohne dass die Eltern
meckern!

Gebt Acht!

Ein Hasenvater ruft die Kinder
vor dem Weihnachtsfest zu sich:
„Diese Zeit ist sehr gefährlich,
gebt auf euch Acht und hört auf mich!"
Die Hasenmutter hebt die Pfote:
„Auch ich kann euch nur raten,
euren Eltern brav zu folgen,
sonst endet ihr als Weihnachtsbraten."

Vorsicht

Wir haben alle viele Wünsche,
ob wir nun groß sind oder klein.

Doch manchmal denke ich bei mir,
wir sollten damit sorgsam sein,

denn eines Tages könnt's geschehn,
dass sie in Erfüllung gehn.

Danke

Auch
meinem strengen Lehrer,
der doofen Killenberger,
unserem bescheuerten Nachbarn,
dem bellenden Köter von nebenan,
der eingebildeten Carmen
und allen,
die ich nicht leiden kann –
wünsche ich diesmal
Fröhliche Weihnachten.

Stille Nacht

Ein alter Fuchs hält's nicht mehr aus,
sein Bau ist ihm zu leer.
Auch draußen ist es viel zu still,
er irrt allein im Wald umher.

Plötzlich sieht er eine Maus
und läuft eilig auf sie zu.
Er reißt seinen Rachen auf
und ruft freudig: „Hallo, du!"

Die Maus traut diesem Frieden nicht
und will ins Loch hinein.
„Bleib bitte hier", sagt da der Fuchs,
„und lass mich nicht allein."

Der Fuchs sieht richtig traurig aus
und tut der Maus jetzt Leid.
Sie geht mit ihm in seinen Bau,
dort feiern sie zu zweit.

36

Nicht vergessen

Bei alldem
Kaufen,
Basteln,
Schmücken,
Feiern,
Schenken,
Singen,
Freuen,
Trinken,
Essen

sollten wir
die armen Kinder
nicht so ganz
vergessen.

Reden

Jetzt reden sie wieder vom Frieden,
man kann sie überall hören.
Sie reden und reden und reden
und lassen sich auch nicht stören.

So machen es viele seit Jahren
und kaum ist das Christfest vorbei,
ist der Frieden wieder vergessen,
stattdessen gibt's viel Streiterei.

Nur noch

„Nur noch sechsmal schlafen",
sagt die Mutter leise
und erzählt den Kindern
von einer langen Reise.

Nur noch fünfmal schlafen –
„Das ist mir viel zu viel",
ruft die kleine Heike,
„was für ein doofes Spiel!"

Nur noch viermal schlafen –
Markus haut dem Bärn eins drauf.
„Ich dachte, nur noch dreimal!
Das hört ja gar nicht auf."

Nur noch dreimal schlafen –
„Aber wenn ich nicht mehr will“,
murmelt Heike halb im Schlaf,
dann ist sie plötzlich still.

Nur noch zweimal schlafen –
Der Markus ruft: „Hurra!
Zweimal ist ganz wenig.
Bald ist's Christkind da!“

„Nur noch einmal schlafen“,
flüstern sich die Kinder zu.
Sie erzählen sich noch viel
und finden keine Ruh.

Nur

Das Kind lag nur auf Stroh,
die Eltern waren arm.
Sie hüllten es in Lumpen,
die hielten es schön warm.

Das Kind war so zufrieden
wie Kinder aller Welt.
Es wusste nichts von Neid,
von Missgunst, Streit und Geld.

Das Kind hatt' einen Wunsch,
es hat ihn nicht allein,
bestimmt wünschst du dir auch,
es möchte Frieden sein.

Eine wichtige Frage

Martin druckst schon lang herum,
dann rückt er mit der Sprache raus:
„Gibt's das Christkind denn in echt?
Wo wohnt es und wie sieht es aus?"

„Tja, das ist so eine Frage.
Niemand hat es je gesehn,
denn es darf nur still und heimlich
runter zu den Menschen gehn.

Deswegen lachen manche auch
und glauben nicht mehr recht daran,
dass es das Christkind wirklich gibt,
doch darauf kommt es gar nicht an.

Wenn sich so viele Kinder freun
auf dieses ganz besondre Fest,
muss es das Christkind doch wohl geben,
auch wenn es sich nicht sehen lässt."

Anders

Karsten huscht ins Kinderzimmer
und lässt sich lange nicht mehr sehn.
Vater ist in seiner Werkstatt
und niemand darf jetzt zu ihm gehn.
Aus der Küche kommt ein Duft
und breitet sich ganz langsam aus.
Alles ist ein bisschen anders,
man spürt's im ganzen Haus.

Was denn?

Tanja sitzt in ihrem Zimmer
und hält's langsam nicht mehr aus.
Sie schleicht auf Zehenspitzen
durchs ganze Treppenhaus.

Die gute Stube ist ihr Ziel,
doch die Tür ist leider zu.
Da hört sie etwas rascheln,
das lässt ihr keine Ruh.

Drum spickt sie durch das Schlüsselloch
und sieht – ist es zu glauben?
Kann das denn wirklich wahr sein?
Tanja reibt die Augen.

Heiße Liebe

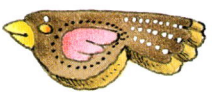

Einen Schokoladenengel
hat Anna in ihr Herz geschlossen.
Sie nahm ihn heimlich mit ins Bett,
dort ist der Engel dann zerflossen.

In dieser Nacht, da träumte sie
von einem Land aus Schokolade.
Als sie aus dem Traum erwachte,
sagte Anna laut: „Ach sch…ade!"

Rate mal

Mutti, schau, das ist für dich,
von mir und Melanie.
Rate mal, was drin sein könnte –
das errätst du nie!

Und ich verrate diesmal nicht,
dass in dem Päckchen Seife ist,
auch wenn du meine Liebste bist.

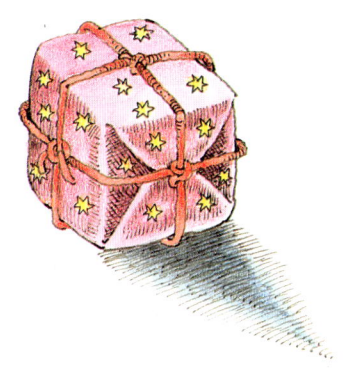

Warten

Draußen ist es dunkel,
die Nacht deckt alles zu.
Drinnen warten Kinder
und finden keine Ruh.

Sie meckern und sie quengeln,
sie leiden an der Zeit
und fragen immer wieder:
„Wann ist es denn so weit?"

Draußen ist es dunkel,
die Nacht deckt alles zu.
Drinnen warten Kinder
und finden keine Ruh.

Auch das längste Warten
wird mal zu Ende gehn.
Doch ohne dieses Warten
wär alles halb so schön.

Einer

Einer ist wieder alleine zu Haus.
Einer schaut wieder zum Fenster hinaus.
Einer sieht Menschen vorübergehn.
Einer wünscht sich, nur einer blieb stehn.

Einer ist weiter alleine zu Haus.
Einer starrt weiter zum Fenster hinaus.

Bescherung

Brennende Kerzen, klingende Lieder,
leuchtende Augen – schön wie ein Traum.
Bunte Pakete liegen nun wieder
gestapelt unter dem Weihnachtsbaum.

Die Lieder verklingen, es ist so weit:
die Kinder springen schnell zu dem Baum,
sie öffnen Pakete in kürzester Zeit –
dann stehn sie da, vorbei ist der Traum.

Weihnachtsfeiertag

Mami schläft auf unserm Sofa
und niemand darf sie stören.
Deswegen kann ich jetzt auch nicht
Hänsel und Gretel hören.

Vati ordnet seine Dias
und hat zum Spielen keine Zeit.
Schlitten fahren darf ich nicht,
weil es draußen stürmt und schneit.

Wenn Mami ausgeschlafen hat,
fahrn wir zur Tante Vroni.
Dabei wäre ich viel lieber
bei meiner Freundin Moni.

Und kommen wir dann spät nach Haus,
muss ich bestimmt gleich schlafen gehn.
So ein doofer Feiertag
ist für mich kein bisschen schön.

29. Dezember

Wann war Heiligabend?
Das ist schon sooo lang her!
Ach, wenn doch bald wieder
Weihnachten wär.

Was bringst du mir?

Das neue Jahr steht vor der Tür,
ich lass es schnell herein.
„Guten Tag, was bringst du mir?
Wird es was Gutes sein?

Ich wüsste es halt gar zu gern,
kannst du das nicht verstehen?
Jetzt bist du da und doch noch fern –
na ja, wir werden sehen."

Weise

Drei Männer kamen von sehr weit her
und suchten ein kleines Kind.
Sie brachten ihm etwas und waren anders,
als sonst die Könige sind.

Drei Männer kamen von sehr weit her
und suchten ein kleines Kind.
Das zeigt, dass sie wirklich weise waren
und wahre Könige sind.

Hoffnung

Auch heute kommen überall
Kinder auf die Welt;
im Krankenhaus, in Hütten,
im Iglu und im Zelt.

Die einen haben's gut,
die andern schlecht getroffen;
doch alle miteinander
lassen uns wieder hoffen.

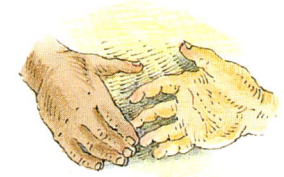

Manfred Mai, 1949 in Winterlingen geboren, wuchs auf einem Bauernhof auf. Als Kind machte er sich nichts aus Büchern und hatte mit der Schule auch nicht allzu viel im Sinn. Nach dem Schulabschluss begann er eine Malerlehre und arbeitete in einer Fabrik. Aber so recht glücklich war er dabei nicht. Er wurde immer unzufriedener und ging auf die Suche nach Neuem. In dieser Zeit entdeckte er, dass Bücher etwas Tolles sind. Er las und lernte viel, wurde Lehrer und schließlich Schriftsteller. Heute lebt Manfred Mai mit seiner Frau und zwei Töchtern im schönen Schwabenländle.

Ingeborg Haun studierte an der Akademie der Bildenden Künste in München. Schon während des Studiums fing sie an freiberuflich zu arbeiten. Inzwischen hat Ingeborg Haun über 200 Bücher illustriert. Pflanzen und Vögel zeichnet sie besonders gern.

Leselöwen

Adventsgeschichten
Bärengeschichten
Computergeschichten
Cowboygeschichten
Delfingeschichten
Dinosauriergeschichten
Drachengeschichten
Feriengeschichten
Freundschaftsgeschichten
Fußballgeschichten
Geburtstagsgeschichten
Geistergeschichten
Geschwistergeschichten
Gespenstergeschichten
Glaubensgeschichten
Gruselgeschichten
Hexengeschichten
Hundegeschichten
Ich-mag-dich-Geschichten
Indianergeschichten
Kinderrätsel
Kinderwitze 1
Kinderwitze 4
Kinderwitze 5
Kuschelgeschichten
Lachgeschichten
Monstergeschichten
Naturgeschichten
Nikolausgeschichten

Opageschichten
Ostergeschichten
Pferdegeschichten
Ponygeschichten
Räubergeschichten
Rittergeschichten
Scherzfragen
Schlaf-gut-Geschichten
Schlummergeschichten
Schmunzelgeschichten
Schulgeschichten
Schulhofgeschichten
Schulklassengeschichten
Seeräubergeschichten
Spukgeschichten
Teddygeschichten
Tennisgeschichten
Tiergeschichten
Überraschungsgeschichten
Ungeheuergeschichten
Unsinngeschichten
Vampirgeschichten
Weihnachtsgedichte
Weihnachtsgeschichten
Weltraumgeschichten
Werd-gesund-Geschichten
Wintergeschichten
Zählgeschichten